AF295717

PRÉCIS

DES OUVRAGES

INVENTÉS ET FABRIQUÉS

PAR LA DAME MUNIER

ET LA DAME MAUBERT

SA FILLE.

Contenant l'explication détaillée de leur emploi et de leur usage chez les personnes des deux sexes affligées de maladies qui en nécessitent l'application, etc.

A LYON,

De l'Imprimerie de J. ROGER, grande rue de l'Hôpital, Nº. 14.

1813.

PRÉCIS

Des Ouvrages inventés et fabriqués par la Dame MUNIER et sa Fille,

Contenant l'explication détaillée de leur emploi et de leur usage chez les personnes des deux sexes affligées de maladies qui en nécessitent l'application, etc.

QUOIQUE la fortune et l'ambition forment les principaux objets de nos désirs; la santé doit être regardée, néanmoins, comme le premier bien et le plus cher à l'homme, et comme le trésor le plus précieux dont il puisse jouir sur la terre.

En conséquence, celui qui consacre ses veilles et ses travaux à chercher des moyens réparateurs des troubles de la nature, à remédier aux désordres de ses fonctions, et à procurer ainsi du soulagement à ses semblables, doit avoir bien mérité de la Société entière.

Guidée par ces vues d'humanité, et persuadée que de tous les maux qui affligent l'espèce humaine, il en est peu de plus fréquens et de plus multipliés que ceux connus sous la dénomination de *Hernies* ou *Descentes* ; maladies d'autant plus redoutables, que plusieurs d'entr'elles ne peuvent être contenues par aucun moyen connu jusqu'à présent, et que la plupart de ceux qui en sont atteints traînent une vie languissante, et périssent même souvent d'étranglement herniaire.

La Dame Munier s'est constamment occupée depuis longues années, des moyens propres à combattre victorieusement ces maladies ; et, après des soins assidus et constans dans ce travail long et pénible, elle est enfin parvenue, non-seulement à perfectionner la partie des Bandages usités jusqu'à présent, mais encore à inventer différens Corsets pour femmes, et des Ceintures pour hommes, propres à contenir toutes espèces de hernies ou descentes, quelque difficiles et opiniâtres qu'elles soient, sur les personnes de tout sexe, de tout âge ; et à en opérer la réduction, quelque difficile qu'elle soit, sans causer aucune douleur, et sans le secours d'aucune opération.

Elle fabrique également des Corsets propres à contenir les ventres trop volumineux, avec ou sans infirmités, dont l'usage devient souvent utile dans quelques grossesses, à raison de l'extension extraordinaire que prennent les tégumens, et des accidens qui peuvent en résulter.

2°. Des Corsets pour remédier aux difformités de taille chez les jeunes personnes, et qui n'exigent point de recourir aux coussinets et garnitures, qui rendent les personnes qui en font usage de plus en plus difformes.

Leur construction ingénieuse a fait l'admiration des gens de l'art, sous les yeux desquels ils ont été exposés, nommément à l'exposition des produits de l'industrie française qui a eu lieu en 1806 conformément au vœu de Sa Majesté; ce qui leur a mérité les suffrages et l'approbation de M. d'Herbouville, préfet du département du Rhône, d'après l'avis du Jury médical, maintenu dans toutes ses dispositions par M. de Bondy, Comte de l'Empire, Chambellan de Sa Majesté, Maître des requêtes, et Préfet actuel du département du Rhône.

Puisque l'expérience a consacré l'utilité de ces Corsets, et prouvé que leur usage guérissait radicalement certaines hernies, et que dans tous les cas, ils donnaient aux malades, en fermant hermétiquement l'ouverture herniaire, quelque difficile qu'elle fût, une parfaite sécurité contre tous les accidens auxquels ces maladies les exposent journellement; ce n'est donc pas sans un juste motif que la Dame Munier est honorée d'une approbation d'autant mieux méritée, qu'elle devient conforme au vœu d'un Gouvernement qui protège les arts, et s'intéresse sans cesse à leurs progrès.

Pour faire taire l'envie toujours inquiète lorsqu'elle ne peut nuire, et se mettre à couvert de toute espèce de critique, la Dame Munier, voulant aussi répondre au désir des Autorités qui ne veulent point que le talent soit confondu avec le charlatanisme, s'est mise sous la direction d'un Médecin, qui l'assiste dans l'exercice de son ministère, et qui est appelé chaque fois que sa présence est jugée nécessaire.

EXPLICATION détaillée de chaque Bandage, Ceintures, Corsets suspensoirs, etc., inventés et fabriqués par la Dame Munier ; suivie de l'indication des diverses infirmités dans lesquelles ils doivent être employés.

Nᵒ. Ier.

Grand Corset pour femme.

Ce Corset, lacé derrière, ouvert sur le devant, avec des piqûres cannelées et des pelotes adaptées à sa partie inférieure et antérieure, a l'avantage non-seulement de contenir toutes les hernies qui peuvent être formées par tous les viscères de l'abdomen, dans toutes ses régions, telles que l'ombilicale, les lombaires, l'inguinale, la crurale, et l'ovalaire ; mais encore la hernie ou chûte de l'*uterus*, les éventrations, les ventres excessivement volumineux, soit par l'effet de la grossesse, soit par obésité ou excès d'embonpoint, ainsi que les gorges relâchées ou trop volumineuses.

Ce Corset soutient très-bien les reins faibles en emboîtant parfaitement le tronc et les hanches, et leur donne ainsi beaucoup plus de force et de solidité ; ces

A 4

Corsets , pour habiller , sont supérieurs aux corsets ordinaires.

N°. II.

Grand Corset pour femme (bis).

Ce Corset ne diffère du précédent, que par la suppression des pelotes destinées à contenir les hernies inguinales ; et est destiné seulement à maintenir la hernie des régions épigastriques et hypogastriques, ainsi que les ventres excessivement volumineux.

N°. III.

Corset préservatif , pour femme.

Ce Corset, dont la construction diffère peu des deux précédens , s'emploie chez les personnes dont l'embonpoint excessif occasionne des relâchemens accompagnés de douleurs et d'indispositions presque habituelles. Ce Corset , en emboîtant et contenant parfaitement bien toutes les parties du ventre , peut , par un usage soutenu, en diminuer le volume, en maintenant constamment chaque viscère à sa place.

Son utilité est principalement démontrée dans la grossesse , où il a l'avantage de soutenir l'extension graduée des tégumens et de *l'uterus* par une ouverture qu'il a sur les côtés, que l'on resserre ou que l'on relâche à volonté au moyen d'un lacet.

N°. IV.

Corset habillé.

Tout ce qui peut contribuer à entretenir et conserver les charmes dont la nature a doué le sexe, n'est point étranger à la sollicitude de la Dame Munier; c'est pourquoi, elle s'efforce de rivaliser pour ainsi dire avec elle, afin de les réunir en plus grand nombre dans ce sexe toujours intéressant et fait lui-même pour embellir l'existence de l'homme, et la lui faire chérir par les soins tendres et les sacrifices généreux qu'il prodigue sans cesse à sa conservation.

Bien convaincue de cette vérité, la Dame Munier n'a rien négligé pour perfectionner cet objet d'agrément et d'ornement pour son sexe; aussi, ce corset surpasse-t-il tous les autres en ce genre, par l'avantage exclusif de bien former et soutenir la taille; d'emboîter le ventre et les hanches, d'effacer toutes les défectuosités, de maintenir relevée la gorge trop volumineuse ou relâchée par suite de maladie; et enfin, de remédier aux difficultés provenant d'un embônpoint excessif; ce qui doit rendre son usage plus général, plus fréquent, et préférable à tous autres.

N°. V.

Demi-Corset, dit *Ventrière*.

Ce Corset, de la forme des précédens, dont il ne diffère que par la hauteur, ne montant qu'au creux de l'estomac, sert à contenir seulement les hernies ombilicales, inguinales et crurales, ainsi que les relâchemens de l'*uterus* et les ventres trop volumineux.

Il en est un second, dit aussi *Ventrière*, et qui est une répétition du N°. 3, pour la partie inférieure. Son usage est le même, excepté qu'il est moins étendu.

N°. VI.

Corset pour les enfans nouveau-nés.

Ce Corset, qui est en diminutif une répétition des grands Corsets dont il a été parlé, à quelques modifications près, remédie puissamment aux hernies que les enfans contractent quelquefois après la chûte du cordon ombilical, sur-tout lorsqu'on n'a pas eu la sage précaution de les tenir assez long-temps au maillot, ou qu'ils se trouvent atteints de coliques qui leur font pousser des cris continuels.

Ceinture-Bandage pour homme.

Cette Ceinture assez haute, et en partie élastique, au bas de laquelle sont adaptées deux pelotes, que l'on serre à volonté par le moyen du tiret, et qui opère sur l'ouverture herniaire une pression douce et graduée, est propre à contenir toutes les hernies qui peuvent se manifester dans l'étendue du bas - ventre, ainsi qu'à donner de la fermeté aux tégumens relâchés par excès d'embonpoint, ou par toute autre cause.

On peut encore adapter au bas de cette Ceinture, une pochette, formant le suspensoir, et propre à soutenir le *Scrotum* et les autres parties relâchées.

Il est une seconde Ceinture-Bandage, qui ne diffère de la première que par la hauteur, et quelques modifications dans les pièces qui y sont adaptées, et dont les usages sont à - peu - près les mêmes.

La Dame Munier tient aussi des Ceintures - Suspensoirs pour homme, dont l'usage est de faciliter la réduction des hernies les plus adhérentes, et qui quelquefois ont été regardées comme incurables. Son expérience lui ayant démontré qu'elle ne les avait jamais employés infructueusement, et qu'elle en avait tou-

jours retiré les plus grands succès, ainsi
que l'attestent les nombreux certificats de
personnes respectables et dignes de foi,
qui n'ont été radicalement guéries de
leurs très-anciennes hernies, que par l'u-
sage de ces Ceintures, après avoir inu-
tilement employé tous les autres moyens
qui leur avaient été indiqués.

Les divers Corsets mécaniques, élastiques, à piqûres cannelées, sans garnitures et sans aucun coussinet, que fabrique également la Dame Munier, sont
d'un usage indispensable pour les personnes faibles, délicates, ou d'une con-
formation vicieuse, et dont la débilité de
constitution favorise le développement de
quelque défectuosité dans la taille, dont
ils conservent les formes et la beauté.

On les emploie aussi avec le plus grand
succès dans l'âge tendre, chez les enfans
qui sont menacés de quelques difformités,
par suite de quelque vice inhérent à leur
constitution, sans qu'ils gênent l'accrois-
sement ni le développement des organes.

La Dame Munier ose espérer que la
bonté de ses ouvrages, leur supériorité
sur tous les autres de ce genre, le degré
de perfection auquel elle les a portés,
et les succès multipliés qu'elle en a constamment retirés, fixeront irrévocablement
le choix du public, et lui acquerront une

confiance non équivoque , ainsi qu'elle lui a été déjà si justement accordée par beaucoup de personnes dont les certificats placés ci-après ne permettent plus de révoquer en doute la guérison.

B

EXTRAITS ET COPIES de différentes pièces attestant l'efficacité des procédés de la Dame MUNIER de Lyon, pour la réduction des Hernies et Descentes de Matrice, etc.

Nº. Ier.

Le soussigné déclare à qui il appartiendra, résidant à Lyon, place de la Charité, nº. 200, que moi Jacques Martin étais affligé depuis quinze ans d'une hernie dans l'aine droite ; n'ayant jamais pu trouver un bandage élastique qui me puisse contenir, ou au moins me procurer quelque soulagement, car je souffrais beaucoup. Au mois de janvier 1805, obligé de faire un voyage dans cette position ; ce qu'on m'avait prédit arriva. Mon hernie sortit avec abondance et se glissa le long de la cuisse entre la peau et la chair, et s'y étrangla de huit à neuf pouces de longueur et de la grosseur d'une bouteille ; l'on ne peut concevoir à quelle souffrance j'étais livré ! De retour à la maison, je gardai le lit plus d'un mois ; et malgré tous les soins que les médecins m'ont donnés, l'hernie est restée rebelle. Voyant devenir mon hernie rouge et s'euflammer, et que, loin de diminuer , elle ne faisait qu'augmenter ; mes moyens ne me permettant pas d'être continuellement auprès des médecins, je me fis transporter à l'Hôtel-Dieu ; et de là, je fus transféré dans la salle des opérations ; cependant résolu de n'en souffrir aucune , persuadé que je n'en réchapperais pas. C'est là , abandonné à toute ma douleur et à la disposition des médecins, qui exerçaient sur moi tant intérieurement qu'extérieurement toutes sortes de remèdes et applications ; c'est une position des plus pénibles , ployé en deux dans mon lit pendant trois mois , la quantité de remèdes m'affaiblissait l'estomac et la poitrine , au point de ne pouvoir plus rien supporter ; de plus , un grand feu qui me mettait hors d'état d'aller à la selle ; et ne faisant que par des efforts violens quelques gouttes de sang. Les remèdes ne me faisaient que des effets rétrogrades ; l'on prit mon hernie , tantôt pour un abcès , une autre fois , pour un bubon vénérien ; enfin, sous mille formes différentes ; l'on me traita toujours avec des remèdes analogues à ces prétendues maladies ; l'on en vint, à force d'applications , à me procurer une plaie que l'on cicatrisa avec aussi peu de succès. C'est au bout de trois mois d'hôpital, que les médecins, décon-

certés, me dirent qu'ils ne connaissaient
point de remèdes, qu'il fallait me résoudre à la mort. Etant donc condamné à
mourir, je sortis de l'hospice au mois
de mai 1805, résolu de mourir dans mon
domicile. Cependant, pour m'assurer encore mieux, je consultai quatre célèbres
médecins : tous me firent le même aveu
que les médecins de l'hôpital. Bien con-
vaincu qu'il n'y avait plus aucun remède
à y porter, d'après l'avis de six docteurs,
c'est dans cette tristesse, et en attendant
la mort, que l'on me parla d'une Dame
bien renommée dans la ville, et très-
versée dans la connaissance de mon infirmité ; n'ayant plus rien à risquer, je la
fis venir ; mon état la toucha, et après
avoir versé dans mon ame des paroles
consolantes, dignes d'une personne qui
possède de grands talens, je m'abandon-
nai donc aux soins de Jeanne - Marie
Giniat, épouse Munier, demeurant à
Lyon, place du Petit-Collége, n°. 83,
à l'entresol ; après lui avoir dit en peu de
mots le passé et le présent : Prenez cou-
rage, me dit-elle, vous n'en mourrez pas.
Prenez, pour l'intérieur, matin et soir
une bonne écuellée de jus d'épinards
bien exprimé ; et me dit que c'était une
hernie rengorgée par matière cuite ; et
que je verrais sous peu ce qu'il en arri-

verait. Effectivement, le sur-lendemain ,
à ma grande surprise (dessus l'hernie
elle appliqua un cataplasme émollient) :
tout répondit à mes espérances , et les
surpassa à la suite ; le ventre prit son libre
cours, le grand feu que j'avais dans les
entrailles se calma, mon estomac se trouva
soulagé , l'irritation et le feu concentré
dans mon hernie s'appaisa ; et cette Dame
opéra avec ses doigts la réduction, à mon
grand contentement , avec une douceur
et une dextérité surprenantes , sans me
causer la moindre douleur et sans opération ; et tout cela fut fait en moins de
quinze jours. Le Corset qu'elle me plaça ,
dont elle possède seule l'art de faire , et
unique dans son genre , a parfaitement
contenu le replacement de mon hernie ;
et pour couronner ses succès, me donna
en deux mois une guérison radicale par
l'application d'une pommade dont elle
possède seule la composition. Jouissant
actuellement de la meilleure santé, sans
avoir besoin d'aucun bandage, étant guéri ;
c'est pourquoi, je lui ai délivré le présent certificat, faible tribut de ma recon-
naissance ; et les jours que je lui dois,
je les consacrerai à lui rendre des actions
de grâces ; et mon cœur reconnaissant
conservera son image à jamais.

Les soussignés , qui ont eu connais-

B 3

sance de ma cruelle position et des heureux résultats, achèveront de certifier les faits ci-dessus mentionnés; attendu qu'ils jouissent d'une réputation distinguée, autant par leurs lumières que par leur humanité.

Signé DESOMBRAGE, RONDOT.

MARTIN.

N°. II.

Nous soussignés, frères du sieur Journel-Valesque, défunt, certifions à tous ceux qu'il appartiendra, que notredit frère se trouvant affligé d'une hernie dans l'aine droite, à laquelle les bandages ordinaires n'avaient apporté aucun soulagement, et n'en avait éprouvé que des Corsets de la composition de Madame Munier, par lesquels son hernie se trouvait parfaitement réduite; et c'est avec plaisir que nous lui avons donné le présent certificat.

Lyon, 20 mars 1806.

Signé H. JOURNEL, et F. JOURNEL.

N°. III.

Je soussigné, Médecin du défunt, certifie la vérité du certificat ci-contre;

et déclare approuver les ouvrages de Madame Munier pour les hernies de toute espèce.

A Lyon, ce 21 mars 1806.

Signé ORIJAN, M. D.

N°. IV.

Je soussignée, Colombe - Madelaine Dupré d'Ars, résidante à Ars, département de l'Ain, affirme et déclare à tous ceux qu'il appartiendra, qu'étant très-incommodée depuis plus d'un an d'une hernie au-dessus du nombril, qui me causait de vives douleurs, je fus obligée d'aller à Lyon consulter M. Petit, Docteur en médecine, lequel m'indiqua la Dame Munier, place du Petit-Collége, n°. 83; m'assurant qu'elle trouverait du soulagement à mes maux. En effet, elle me fit plusieurs petits Corsets de son invention, pour en changer successivement, et je ne les ai quittés ni jour ni nuit depuis le mois de juin, ce qui m'a procuré un grand soulagement; et je me porte infiniment mieux depuis cette époque. En foi de quoi, je lui ai délivré le présent certificat, pour lui servir et valoir ce que de raison.

Fait à Ars, le 26 mars 1806.

Signé DUPRÉ D'ARS.

Nous Robert-Gaspard Noël, Juge-de-paix du canton de Trévoux, y demeurant, attestons que le certificat ci-dessus est écrit et signé par Madame la veuve Dupré d'Ars, résidante à Ars, rière notre jurisdiction.

Trévoux, le 27 mars 1806.

Signé NOEL.

Je soussigné, certifie que Madame Dupré d'Ars s'est bien trouvée de l'usage des Corsets que lui a faits Madame Munier, tailleuse, place du Petit-Collége, à Lyon. En foi de quoi j'ai signé.

A Lyon, le 4 avril 1806.

Signé PETIT.

N°. V.

Je soussigné, certifie que Madame Munier, demeurant à Lyon, place du Petit-Collége, a fait et fourni à quatre personnes de Vienne, des Corsets élastiques propres à contenir des hernies, dont trois ombilicales et une épiploïque, et qu'elles sont maintenant réduites par une pression bien graduée que ces Corsets permettent d'opérer; je lui ai délivré

(19)

ce certificat, pour lui servir de recommandation.

Vienne, ce 3 avril 1806.

Signé J. C. BOISSAC, D. M. M.

Médecin des hôpitaux civil et militaire de Vienne.

Nous Maire de Vienne, attestons la sincérité de la signature de M. Boissac.

Vienne, le 3 avril 1806.

Signé DELALOY, *Adjoint.*

N°. VI.

Je soussignée déclare, moi Demoiselle Marie - Sebastienne Chervin, propriétaire à Villefranche, département du Rhône, que je suis atteinte d'une hernie au nombril, très - considérable ; joint à cette incommodité, j'ai encore un ventre très-volumineux qui entraînait mon hernie jusques sous mes cuisses, que je n'ai pu contenir par aucuns bandages ; et qu'à l'aide des Corsets de la composition de la Dame Munier de Lyon, y demeurant, place du Petit-Collége, N°. 83, toutes ces parties relâchées sont contenues ; et que par ce moyen, j'ai trouvé du soulagement que je désirais depuis long-temps ; et que je jouis actuellement d'une bonne santé. C'est pourquoi je lui ai délivré le présent certificat, pour lui servir ce que de droit.

A Villefranche, ce 8 avril 1806.

Signé CHERVIN.

Je soussigné, Chirurgien de l'hospice de Villefranche, certifie qu'il est à ma connaissance que quelques femmes malades, de cette ville, affligées d'hernie ombilicale faisant éventration, ont été singulièrement soulagées dans cette infirmité par des Corsets ingénieusement faits par la Dame Munier de Lyon.

Villefranche, 8 mars 1806.

Signé BALLOFET.

Vu par Nous Maire de Villefranche, (Rhône) pour légalisation des signatures de Demoiselle Charvin, rentière, et Ballofet en la qualité qu'il a prise.

Villefranche, le 8 avril 1806.

Signé KENECHELE.

N°. VII.

Je soussigné, Jean-Espérance Blandin Laurencin, ancien Membre de l'Institut National, Président du Conseil-Général du département du Rhône ; certifie que toutes les personnes de ma connaissance qui se sont adressées à Madame Munier, ont éprouvé soulagement ou guérison ; qu'elle opère facilement et promptement la réduction des hernies, quelque compliquées qu'elles soient ; que ses Suspensoirs et Corsets sont les plus commodes et les plus sûrs dont on puisse faire usage ; qu'il est de l'intérêt des habitans de cette ville qu'elle n'aille pas se fixer ailleurs ; et que par conséquent, nos autorités la protègent dans les moyens qu'elle a d'y rendre son existence profitable, à elle comme à ceux qui ont besoin de ses secours.

Lyon, 21 avril 1806.

Signé LAURENCIN.

N°. VIII.

Lyon, le 31 mai 1806.

LE PRÉFET du département du Rhône, l'un des Commandans de la Légion-d'Honneur.

A Madame MUNIER, place du Petit-Collège, N°. 83, à Lyon.

Je vous adrese, Madame, un arrêté de ce jour qui vous autorise à fabriquer et à vendre les Corsets de votre invention, propres à contenir des hernies. Vous pourrez faire insérer dans les papiers publics les avis que vous jugerez convenables, en vous conformant aux dispostitons de mon arrêté.

J'ai l-honneur de vous saluer.

Signé C. HERBOUVILLE.

Nº. IX.

LE PRÉFET, l'un des Commandans de la Légion-d'Honneur ;

Vu la pétition de Jeanne-Marie Giriat, femme Munier, tailleuse, demeurant à Lyon, place du Petit-Collége, Nº. 83; qui expose qu'elle a acquis depuis longuès années, l'art de faire des Corsets propres à contenir toutes sortes de hernies et descentes, et par leur moyen opérer sans douleur la réduction des plus invétérées; et demande qu'il lui soit permis d'exercer librement son état, et de faire annoncer par la voie des papiers publics le genre d'industrie qu'elle exerce.

Vu les certificats produits à l'appui de cette pétition, et constatant l'utilité des Corsets dont il s'agit ;

Vu l'avis des Membres composant le Jury médical de ce département, en date du 21 mai présent mois;

(23)

Vu les lois et instructions du gouvernement, relatives à l'exercice de l'art de guérir ;

Arrête : La Dame Munier, tailleuse, est autorisée à fabriquer et à vendre des Corsets de son invention, propres à contenir les hernies ; elle pourra annoncer par la voie des journaux le genre d'industrie qu'elle pratique, en s'annonçant comme tailleuse, et non comme bandagiste ; la pétitionnaire ne pouvant exercer l'application des bandages, branche essentielle de la Chirurgie.

Fait à Lyon, à la Préfecture, le 31 mai 1806.

Signé C. HERBOUVILLE.

N°. X.

Je soussignée, Marie-Françoise, veuve de Pierre Simond, demeurant à Ecully, certifie avoir été atteinte d'une hernie du côté droit ; je l'ai supportée très-longtemps, la voyant augmenter de jour en jour, et me faisant des douleurs terribles. Dans cette triste position, je pris des conseils d'une Sœur qui entend parfaitement cette partie, elle qui est de l'Hospice de Lyon, qui ne trouva d'autres remèdes, que de me faire faire l'opération ; c'est dans cette cruelle position , que je m'adressai à M. Guérin, médecin, qui m'affirma ce que la Sœur m'avait dit ; il m'adressa à la Dame Munier, tailleuse, place du Petit-Collège, n°. 83, à Lyon, n'ayant qu'elle qui puisse, par le moyen de ses Corsets uniques dans leur genre et qui ont la propriété seuls d'opérer le replacement. Effectivement, la Dame Munier, par le moyen des Corsets de son invention, qu'elle me fit, opéra ma guérison, à l'étonnement même des Médecins qui m'avaient condamnée à l'opération ; la réduction était grosse comme le poingt. Après les avoir portés pendant une année, je les ai quittés, malgré sa défense, au mois d'octobre 1805 ; et depuis cette époque, je me porte bien, et ne me suis aperçue aucunement de mon hernie, malgré un gros rhume que j'ai eu cet hiver ; je déclare être radicalement guérie de mon hernie, propriété que j'attribue à ces Corsets. C'est pourquoi, j'ai délivré le présent certificat, pour rendre hommage aux talens de la Dame Munier, et lui servir ce que de droit.

Signé Marie-Françoise, veuve SIMOND.

Nous adjoint au maire de la commune

d'Ecully, département du Rhône, certifions la signature de Madame veuve
Simond, ci-dessus apposée, sincère et
véritable.

A Ecully, le 17 avril 1806.

Signé C. LUIZET, *Adjoint.*

N°. XI.

Lyon, le 20 septembre 1811.

LE PRÉFET du département du Rhône,
comte de l'Empire, chambellan de l'Empereur, maître des requêtes, officier de
la Légion-d'Honneur, etc.

A Madame Munier, place du Port-
Saint-Jean, maison Gabet, n°. 168, au
2e. étage, à Lyon.

Madame,

Je maintiens dans toutes ses dispositions l'arrêté de mon prédécesseur, en
date du 31 mai 1806, qui vous autorise
à fabriquer et à vendre des Corsets de
votre invention, propres à contenir des
hernies ; et je vous renvoie l'ampliation
de cet arrêté que vous aviez mise sous
mes yeux. J'ai écrit au Jury de médecine, pour qu'il ne fût dirigé contre vous
aucune poursuite au sujet de la fabri-

cation et de la vente de vos Corsets; l'application des bandages demeurant toujours réservée aux gens de l'art.

Je vous salue affectueusement.

Signé Le Comte DE BONDY.

Vu pour valoir dans le département de l'Ain.

Le Préfet, *signé* Le baron RIVET.

Nᵒ. XII.

Je soussigné, Louis Souteyran-la-Roulle, âgé de 47 ans, domicilié à St.-Etienne, rue Froide, département de la Loire; déclare et certifie que j'étais atteint d'une hernie crurale à l'aine gauche depuis 18 ans; que dans cette période de temps, elle était devenue immobile par l'effet d'une adhérence qu'elle avait contractée, joint à une nouvelle hernie qui se déclara par le trou ovale du même côté par suite d'une fausse position; que ladite hernie descendit dans le *scrotum* (ou les parties), et se confondait avec l'autre, et j'avais à craindre un étranglement, ce qui m'avait mis dans un très-grand danger; puisque les secours de l'art m'avaient été administrés pendant quinze jours dans mon domicile , mais infructueusement, par deux Docteurs en médecine et en chirurgie de cette ville, qui me déclarèrent qu'il n'y avait que l'opération qui puisse atteindre le but de la réduire ; j'appris dans cet intervalle de temps par un ami de Lyon qui fut instruit de ma position , et qui me fit dire de me rendre auprès de lui, qui connaissait la réputation que jouit des habitans de la ville de Lyon la Dame Munier, autorisée et inventrice de Corsets pour les hernies , demeurant place du Port-St.-Jean, maison Gabet, m'assurant dans cette maladie les succès les plus complets. Ce ne fut pas sans hésiter que j'adhérai à sa proposition. Je pars pour Lyon, et avant de me mettre entre ses mains, je me fis visiter par un Docteur en médecine et un Chirurgien herniaire, qui pensaient de la faire rentrer dans deux ou trois jours ; mais tous leurs efforts furent infructueux, en m'assurant que cela serait un peu long pour parvenir à la résoudre. D'après cet exposé, je fus voir la Dame Munier, qui, après avoir examiné mûrement mon état, me promit guérison palliative ; et pour me prouver qu'elle me parlait par une expérience consommée dans cette partie, elle ne me proposa la rétribution de ses honoraires , qu'après

l'exacte réduction des parties dans leur
état naturel ; l'adhérence particulièrement
avait été jugée impossible à réduire sans
l'opération ; l'expérience a démontré le
contraire : et ma confiance ne fut point
trompée. Elle a opéré avec ses doigts, à
l'aide de son mari, la réduction de mon
hernie avec une douceur et une dextérité
surprenantes, sans avoir ressenti aucune
douleur ; et pour m'en convaincre, je me
suis fait examiner par ces Messieurs qui
m'avaient traité pendant trois jours à mon
auberge à Lyon. Ils m'ont avoué qu'il
n'existait aucun corps étranger, que je
pouvais être tranquille ; et par le Corset
ou Ceinture de son invention, les hernies
sont contenues par une pression bien
graduée qu'ils permettent d'opérer ; et je
peux actuellement vaquer à mes affaires
ordinaires, en prenant quelques pré-
cautions. C'est pourquoi j'ai délivré le
présent certificat pour rendre hommage
à la vérité ; et que foi doit y être ajoutée.

Saint-Étienne, le 19 janvier 1812.

Signé SOUTEYRAN-LA-ROULLE.

Nous Jean-Joseph Gauthier, Juge-de-
paix du canton de Saint-Étienne, division
de l'Est, département de la Loire, certi--

(29)

fions à tous qu'il appartiendra, la signature du sieur Souleyran ci-dessus, sincère et véritable. En foi de quoi, nous avons signé les présentes, qui ont été contre-signées par le Greffier et scellées.

A Saint-Etienne, le 20 février 1812.

Signé GAUTHIER, et JACOD, *greffier*.

Nº. XIII.

Nous soussignés, certifions à qui il appartiendra, que Madame Durand, épouse du Maire de la commune de St.-Maurice, département de la Loire, était affligée d'une descente de matrice depuis plusieurs années ; qu'elle était devenue dans un état affligeant ; qu'elle fut abandonnée, comme incurable, par quatre médecins, qui l'ont traitée pendant trois années et demie consécutivement ; malgré l'usage des eaux et bains de toutes qualités, et y faisant des voyages fréquens, par le moyen d'une dormeuse faite exprès (ne pouvant supporter d'autres genres de transport). C'est dans cette triste position qu'elle prit, pour dernière ressource, les bains dits *Orientales*, à Lyon ; y étant, nous lui réitérâmes nos conseils de s'adresser à la Dame Munier, demeurant à Lyon, au pied du degré du Change, connue par sa réputation pour réduire et contenir par le moyen de ses Corsets toutes sortes de hernies ou descentes, quelque opiniâtres et invétérées qu'elles soient, par les procédés uniques de son art qu'elle seule possède pour ces sortes d'infirmités, qu'une expérience de quinze ans en cette ville lui a acquise. Nos conseils eurent le plus heureux résultat, surpassèrent même les espérances de M. Durand, qui ne désirait seulement que son épouse puisse aller avec des béquilles dans six mois. Madame Munier, forte de ses moyens, lui assura que dans huit jours elle serait en état d'aller à la messe; effectivement, au bout de trois jours, la malade se leva, et offrait gaiement des siéges aux personnes qui venaient lui rendre visite, la croyant au lit, et demandant de ses nouvelles à voix basse. Ce fut pour nous une bien agréable surprise, que nous devons aux talens et aux soins que la Dame Munier lui a prodigués depuis le 5 jusqu'au 28 septembre 1809; ce qui fait un laps de temps de 23 jours qu'elle employa pour la rendre à la santé. Au bout de quelque temps, elle partit en voiture, bien portante, rejoindre sa famille, après avoir comblé de bénédictions sa libératrice; et se porte très-bien depuis cette époque, par le moyen des Corsets de l'invention de la Dame Munier, dont elle fait usage. C'est pourquoi nous attestons le présent certificat , comme témoins oculaires du contenu , en ayant eu une parfaite connaissance dans le temps; et pour servir à la Dame Munier ce que de droit , et aux personnes qui se trouveraient affligées de ces malheureuses infirmités , de recourir à elle avec confiance ; et seront assurées de trouver prompts soulagemens à leurs maux , par la profonde et surnaturelle connaissance qu'elle a de son état.

Ce ·1er· novembre 1812.

Signé ROUX , André PROST et BOUDIER.

Ensuite est écrit :

J'atteste les faits ci-dessus; et de plus, la guérison de Marie Ramaud de Montluel, attaquée d'une pareille descente. *Signé* PROST.

Et plus bas, est encore écrit :

J'atteste qu'il n'y a que la vérité d'énoncée dans le présent. Lyon, 7 novembre 1812. *Signé* LIBOIR.

N°. XIV.

MAIRIE DE LYON, *arrondissement de Lyon, département du Rhône.*

LE PRÉFET du département du Rhône, comte de l'Empire, chambellan de l'Empereur, maître des requêtes, officier de la Légion-d'Honneur, etc.

A M. le Maire de Lyon.

Monsieur, mon arrêté du 31 mai 1806, et ma décision du 20 septembre 1811, autorisent la Dame Munier à fabriquer et à vendre des Corsets propres à contenir les hernies.

L'arrêté du Jury de médecine de ce département, en date du 17 octobre dernier, défend à cette dame d'exercer la partie de l'art de guérir qui s'occupe de la guérison des hernies.

Ces dispositions ne me paraissent point contradictoires.

On ne peut refuser à la Dame Munier le droit d'exercer son industrie, en fabriquant des Corsets propres à contenir les hernies ; mais ces Corsets ne peuvent être appliqués, et l'emploi n'en peut être prescrit que par des gens de l'art reconnus dans les formes déterminées par les lois.

Je pense que ces explications remplissent l'objet de la lettre que vous m'avez fait l'honneur de m'écrire le 26 octob. dernier.

Agréez, Monsieur, les assurances de ma considération.

Le Secrétaire de la Préfecture, représentant le Préfet en tournée,

Signé Lhuylier.

Ampliation délivrée à la Dame Munier.

Le Maire de la ville de Lyon,

Signé F. R. Champanet, *Adjoint.*

La Dame Munier satisfait aussi aux demandes qu'on lui fait du dehors, pourvu qu'on lui désigne l'espèce d'ouvrage que l'on désire, et qu'on lui envoie les mesures et les grosseurs des personnes.

Chaque Corset, ou autre ouvrage étant d'un prix proportionné au travail qu'il exige, et à l'étoffe dont il est fabriqué, on ne peut désigner aucun prix pour un ouvrage quelconque, qu'au moment qu'on en fait la demande; mais on traitera toujours avec toute la douceur et tous les égards possibles, tous ceux qui voudront bien s'adresser à elle.

Sa demeure est place et port Saint-Jean, maison Gabet, au bout du Pont-Volant, au 2me., à Lyon.

www.ingramcontent.com/pod-product-compliance
Ingram Content Group UK Ltd.
Pitfield, Milton Keynes, MK11 3LW, UK
UKHW020101100726
13658UKWH00004B/1895